# BEI GRIN MACHT SICH IHR WISSEN BEZAHLT

AF151569

- Wir veröffentlichen Ihre Hausarbeit,
  Bachelor- und Masterarbeit

- Ihr eigenes eBook und Buch -
  weltweit in allen wichtigen Shops

- Verdienen Sie an jedem Verkauf

Jetzt bei www.GRIN.com hochladen
und kostenlos publizieren

# Ausgangssituation einer eigenen Unternehmensberatung und das Sportmanagement der Adidas AG

Nathalie Wittmann

**Bibliografische Information der Deutschen Nationalbibliothek:**

Die Deutsche Nationalbibliothek verzeichnet diese Publikation in der Deutschen Nationalbibliografie; detaillierte bibliografische Daten sind im Internet über http://dnb.d-nb.de abrufbar.

ISBN: 9783346460165
Dieses Buch ist auch als E-Book erhältlich.

Das Buch bei GRIN: https://www.grin.com/document/1030576

Deutsche Hochschule für

Prävention und Gesundheitsmanagement

# Projektarbeit

| Name, Vorname | Wittmann, Nathalie |
|---|---|
| Modul | Interdisziplinär Sportökonomie |
| Studiengang | BSÖ WS17 |
| Datum Präsenzphase | 09.11.2020 – 13.11.2020 |
| Studienort | Stuttgart |
| Arbeitsgruppe* | Keine Arbeitsgruppen |
| Gruppenarbeit/Aufgabenstellung* | A1 + A2 – Fall 4 |

*gemäß Auslosung Präsenzphase

# Inhaltsverzeichnis

# 1 Ausgangssituation der eigenen Unternehmensberatung

Im ersten Schritt erfolgt das Herausarbeiten einer Ausgangssituation für eine eigene Unternehmensberatung. Dies erfolgt durch die Festlegung und Begründung des Standortes und der Unternehmensform sowie durch das Entwickeln und Begründen einer Corporate Identity. Im Weiteren wird auf die Teamentwicklungsphasen nach Tuckman eingegangen, die für einen guten Teamentwicklungsprozess von essenzieller Bedeutung sind.

## 1.1 Festlegung und Begründung des Standortes

Die Festlegung des Standortes für die Unternehmensberatung im Bereich Sport findet anhand von verschiedenen Standortkriterien statt. Unter anderem spielen die Faktoren der Erreichbarkeit, des Nachfragepotentials und die Lage eine entscheidende Rolle bei der Wahl des richtigen Standortes. Der gewählte Standort befindet sich in Mannheim in Baden-Württemberg im Quadrat H1 14. Dieser liegt im Zentrum von Mannheim in der Innenstadt und ist somit gut zu Fuß oder auch mit den öffentlichen Verkehrsmitteln erreichbar. Außerdem laufen an dem Standort viele Personen vorbei, wodurch der Bekanntheitsgrad schnell steigt.

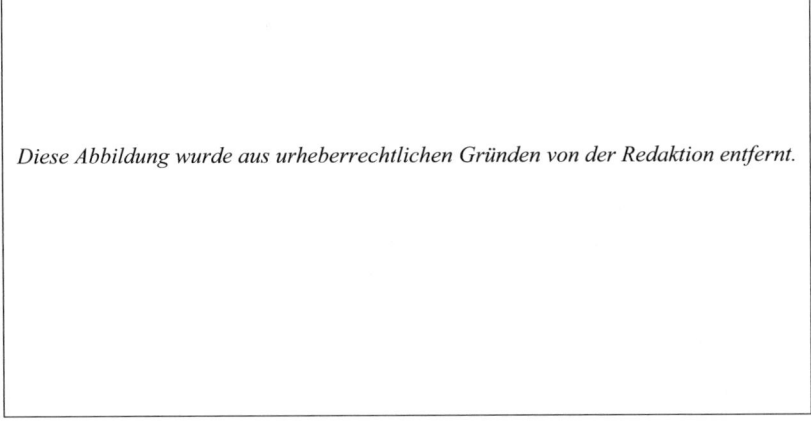

*Diese Abbildung wurde aus urheberrechtlichen Gründen von der Redaktion entfernt.*

Abb. 1: Standort der Unternehmensberatung (Darstellung aus Google Maps)

Eine genauere Betrachtung des Standortes zeigt, dass in der Nähe des Standortes 15 Fitnessanlagenanbieter sitzen, die sich als potenzielle Kunden im „For-Profit Bereich" einstufen lassen. Somit ist bei der Wahl des Standortes ein hohes Nachfragepotential gesichert. Des Weiteren befinden sich viele Sportartikel oder Sportbekleidungsgeschäfte im näheren Umfeld der Unternehmensberatung. Diese sind in Abb. 4 zu erkennen.

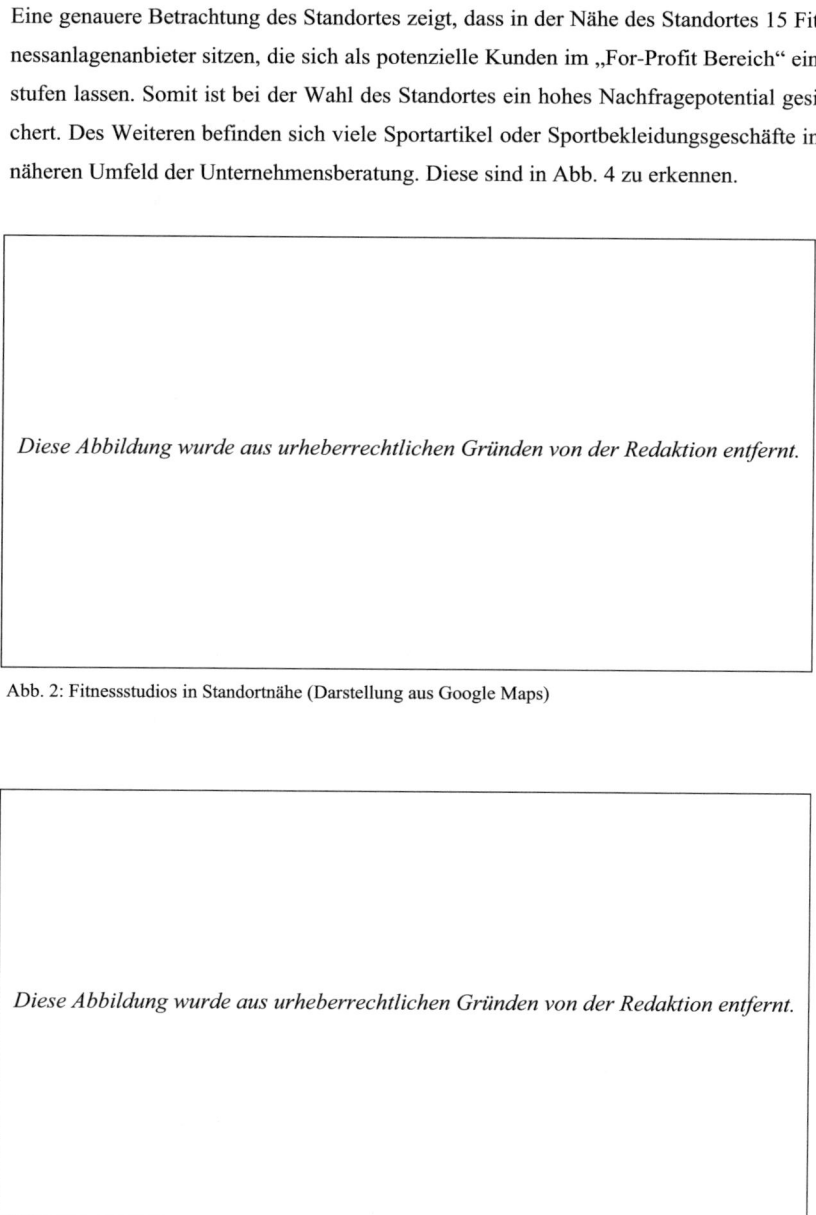

*Diese Abbildung wurde aus urheberrechtlichen Gründen von der Redaktion entfernt.*

Abb. 2: Fitnessstudios in Standortnähe (Darstellung aus Google Maps)

*Diese Abbildung wurde aus urheberrechtlichen Gründen von der Redaktion entfernt.*

Abb. 3: Sportartikelverkäufer in Mannheim (Darstellung aus Google Maps)

## 1.2 Festlegung und Begründung der Unternehmensform

Die Unternehmensberatung entscheidet sich für die Unternehmensform der „Gesellschaft mit beschränkter Haftung" (GmbH). Diese Unternehmensform bringt den Vorteil mit sich, dass die Gesellschafter nicht mit ihrem Privatvermögen, sondern ausschließlich mit dem Geschäftsvermögen haften. Daraus resultiert eine gute Trennung von Geschäfts- und Privatvermögen. Des Weiteren unterliegt die GmbH der Körperschaftssteuer von 15 Prozent, weswegen weniger Steuern gezahlt werden müssen als bei der Einkommenssteuer. Falls in Zukunft eine Umwandlung von einer GmbH in eine Aktiengesellschaft erfolgt, ist diese jederzeit und ohne Aufwand möglich. Außerdem signalisiert die Rechtsform der GmbH Zuverlässigkeit und Sicherheit bei potenziellen Kunden, was für einen klaren Vorteil der GmbH spricht. (Hierl und Huber 2008)

## 1.3 Entwicklung und Begründung einer Corporate Identity

Eine Corporate Identity setzt sich aus den Bereichen Corporate Design, Corporate Communication und Corporate Behaviour zusammen. Der Bereich Corporate Design befasst sich mit dem Erscheinungsbild des Unternehmens und beinhaltet die Bearbeitung von Logo, Schrift, Form, Farben, Bekleidung und Architektur. Die Corporate Communication beschäftigt sich mit der Kommunikationsstrategie und der Bereich Corporate Behaviour umfasst sich mit dem Verhalten des Unternehmens. Im Folgenden wird die Corporate Identity in den Punkten Firmenname, Firmenlogo, mit der Farbauswahl und mit dem Firmenslogan bearbeitet.

### 1.3.1 Name des Unternehmens

Der Name des Unternehmens setzt sich aus den Nachnamen der beiden Unternehmensgründer und dem englischen Begriff „Consulting" zusammen, welches ins Deutsche übersetzt für den Begriff „Beratung" steht. Bewusst wird hier ein englischer Begriff gewählt, um auch die internationalen Unternehmen mit der Dienstleistung anzusprechen. Außerdem befindet sich vor dem Wort Consulting das Wort „Sports", um direkten Bezug der Unternehmensberatung zu Fitnessstudios und Vereine zu schaffen und um die Zielgruppe schneller und besser zu erreichen.

### 1.3.2   Logo

Das Logo der Unternehmensberatung ist in Abb. 1 zu erkennen. Bei der Wahl des Logos wurde sich für eine Kombimarke entschieden. Die Kombimarke beinhaltet sowohl Bild als auch Wort und sorgt gerade für ein Start-Up Unternehmen für einen höheren Wiedererkennungswert.

*Diese Abbildung wurde aus urheberrechtlichen Gründen von der Redaktion entfernt.*

Abb. 4: Logo Unternehmensberatung (eigene Darstellung)

Das Logo besteht aus dem Namen des Unternehmens sowie aus einer Grafik. Die Grafik stellt die beiden Initialen der Unternehmensgründer Bauer und Weiss (wenn um 90 Grad im Uhrzeigersinn gedreht) dar. Außerdem stellt das blaue Dreieck einen Pfeil nach rechts dar, der für einen fortschrittlichen, zukunftsorientierten Prozess steht. Dieser ist den potenziellen Kunden bei einer Unternehmensberatung von einer hohen Bedeutung. Die Gesamtdarstellung von Wort und Bild zeigt ebenfalls einen Pfeil nach rechts, wobei der Text als „Pfeilschaft" und das Bild als „Pfeilspitze" dient. Die Formen bestehen aus zwei sich überschneidenden Dreiecken, die eine dynamische Wirkung beim Betrachter erzielen und Aufmerksamkeit erregen. Die Farben sind so angeordnet, dass in der Grafik auch sicher beide Buchstaben „B" und „W" zu erkennen sind. Außerdem ist das „&" in der Farbe Blau, um einen zusätzlichen kreativen Akzent zu setzen.

### 1.3.3   Farben

Das Logo sowie das gesamte äußere Erscheinungsbild des Unternehmens beschränkt sich auf einen Blauton (C=75, M=15, Y=0, K=0) und einen Schwarzton (C=0. M=0, Y=0, K=80). Durch die Beschränkung auf lediglich zwei Farben wirkt das Erscheinungsbild und das Logo schlicht aber trotzdem modern und seriös. Die Farbe Schwarz erzielt eine elegante, starke und exklusive Wirkung beim Betrachter. Außerdem steht die Farbe schwarz in Verbindung mi einem weißen Untergrund für Kompetenz, Sachlichkeit und Funktionalität, was mit dem Unternehmen übereinstimmt. Die Farbe Blau steht für Ruhe und Entspannung, aber auch für unbegrenzte Dimensionen. Außerdem strahlt die Farbe Blau Sicherheit und Treue aus. Diese Wirkung ist vor allem für potenzielle Neukunden von Bedeutung und somit positiv für das Unternehmen. (Handbuch Medien 2013, S. 219–222)

### 1.3.4 Slogan

Der Slogan „Zusammen zum Ziel" erzielt in dem Leser oder Hörer ein Gemeinschaftsgefühl. Nur zusammen können die Ziele und Erfolge des Unternehmens und die des Kunden erfüllt und erreicht werden. Der Slogan hat die gleiche Schriftart wie das Logo der Unternehmensberatung, die das Corporate Design unterstützt. Der Punkt am Ende soll das Statement „Zusammen zum Ziel" untermauern und für Klarheit sorgen. Außerdem erzielt der Punkt durch seine blaue Farbe eine kreative und individuelle Wirkung auf den Betrachter. Durch das Stilelement der Alliteration bekommt der Slogan eine stärkere und aussagekräftigere Bedeutung und sorgt dafür, dass der Slogan länger und besser in Erinnerung bleibt.

*Diese Abbildung wurde aus urheberrechtlichen Gründen von der Redaktion entfernt.*

Abb. 5: Slogan der Unternehmensberatung (eigene Darstellung)

## 1.4 Teamentwicklungsphase nach Tuckman (1965)

Die Teamentwicklungsphase nach Tuckman findet oft bei Teams oder Führungskräften praktische Verwendung. Sie dient zu einem leichteren und organisiertem Teambuilding, einem flexiblen Herangehen des Projektes und einem offenen und hilfsbereiten umgehen mit jedem Teammitglied. Tuckman (1965) beschreibt mit seiner Teamentwicklungsphase alle Phasen, die bei einem Teamentwicklungsprozess auftreten. Sie besteht aus vier Phasen – der Findungsphase (Forming), der Konfliktphase (Storming), der Regelungsphase

(Norming) und der Leistungsphase (Performing). Am Schluss der Teamentwicklungs-phase kommt es zur Auflösung (Adjourning), auf die im Folgenden jedoch nicht genauer eingegangen wird. Im weiteren Verlauf werden für jede der vier Teamentwicklungspha-sen drei Fragestellungen erarbeitet, deren Antworten bei der Einordnung der Teamsitua-tion im Teamentwicklungsrad helfen sollen.

### 1.4.1   Forming

In der Formingphase lernen sich die Teammitglieder das erste Mal kennen und fangen an sich zu beschnuppern (Ebner 2013, S. 27; Tuckman 1965). In dieser Phase des Teament-wicklungsprozesses stellen sich die einzelnen Teammitglieder folgende Fragen: Werde ich vom Team akzeptiert? Welche Rolle nehme ich im Team ein? Kann und will ich mei-nen gewohnten Platz in diesem Team einnehmen?

### 1.4.2   Storming

In der Stormingphase beginnen die Teammitglieder durch erste Konfliktsituationen ihr Revier deutlich zu machen. Die Verteilung der verschiedenen Aufgaben im Team stellt eine weitere Konfliktsituation dar. Ein Moderator ist in dieser Entwicklungsphase zu empfehlen, um Konflikte neutral betrachten und beurteilen zu können und diesen Prozess schneller zu beenden. In dieser Phase stellen sich die Teammitglieder die Fragen „Wen kann ich beeinflussen?", „Wer ist die/der Ranghöchste?" und „Wer macht mir meinen Platz streitig?". (Tuckman 1965)

### 1.4.3   Norming

In der Normingphase entsteht zum ersten Mal ein „Wir-Gefühl" und die Regeln werden vom Team selbst aufgestellt und eingehalten. Die Unterschiedlichkeit jedes Teammitglie-des wird akzeptiert und sogar als Stärke angesehen. Daraus ergeben sich im Team fol-gende Fragen: „Wie können wir das Ziel erreichen?", „Wie wollen wir miteinander um-gehen?" und „Welche Regeln befolgt jedes Teammitglied?" (Ebner 2013, S. 28)

### 1.4.4 Performing

In der Performingphase sind alle Rollen klar definiert, können aber durchaus wechseln. Dabei wird jedes Teammitglied akzeptiert und das Team freut sich über die gemeinsamen Leistungen. Wichtig in dieser Phase ist, dass die Führungskraft Anregung zur Weiterentwicklung initiiert, vor allem bei neuen Aufgaben für die Teammitglieder oder bei dem Beitritt eines neuen Teammitgliedes. Das Team arbeitet in der Performingphase eigenständig und effizient. Daraus lassen sich drei grundlegende Fragestellungen in dieser Phase für jedes Teammitglied erschließen – „Wer hat was zu tun?", „Wie können wir das Ziel am effektivsten erreichen?" und „Welche neuen Herausforderungen gibt es?" (Tuckman 1965; Ebner 2013, S. 28)

## 2 Sportmanagement (A2) – Fall 4

Die Unternehmensberatung bekommt einen Auftrag der Adidas AG und befasst sich zunächst mit den strategischen Merkmalen sowie den Aufgaben und Anforderungen eines Sportmanagers bei der Adidas AG. Danach werden durch eine SWOT-Analyse die Stärken und Schwächen sowie die Chancen und Risiken für die Adidas AG herausgearbeitet. Zum Schluss können anhand der Analyse die Ober- und Unterziele der Adidas AG festgelegt werden.

### 2.1 Merkmale der Adidas AG

Adidas ist eine der bekanntesten und wertvollsten Marken in Deutschland. Die Mission der Adidas AG besteht darin, das weltweit beste Sportartikelunternehmen zu sein. Allein im Jahr 2019 hat das Unternehmen 1,1 Milliarden Produkte produziert, darunter 448 Millionen Paar Schuhe, 528 Millionen Textilien und 127 Millionen Zubehörprodukte. Der daraus resultierende Umsatz im Jahr 2019 liegt bei 23,640 Milliarden Euro. (Adidas 2019)

Gegründet wurde das Unternehmen im Jahr 1949 von Adolf „Adi" Dassler unter dem Namen „Adi Dassler adidas Sportschuhfabrik", das heutzutage nur noch unter dem Na-

men „Adidas" bekannt ist. Als richtig bekannt gilt das Unternehmen erst nach der Fußballweltmeisterschaft in Bern im Jahr 1954, bei dem die Deutschen mit den Schuhen von
Adi Dassler Weltmeister wurden. Seit dem Jahr 1967 stellt Adidas auch Sportbeklei-
dungsprodukte her und im Jahr 1970 mit dem Ball für die Fußballweltmeisterschaft das
erste Sportzubehör. Seit 2006 befindet sich mit Reebok eine weitere Marke neben Adidas
im Produktsortiment und der Konzern wurde zu „Adidas AG" umbenannt. (Adidas (o.
J.)b)

Die Seele des Adidas Konzerns ist der Sport und die dazugehörigen Werte der Leistung,
der Leidenschaft, der Integrität und der Vielfalt. Der Sport „ist die Verbindung unserer
Vergangenheit und unserer Gegenwart – und er weist uns den Weg in die Zukunft", so
Adidas (2007). Adidas sieht sich selbst als innovatives, internationales Unternehmen,
dass überragende Finanzergebnisse und Renditen erzielt. Adidas legt Wert darauf die Ar-
beitsbedingungen in den Fabriken der Zulieferer zu verbessern und die Umweltbelastun-
gen durch nachhaltiges Handeln und Produzieren zu reduzieren. (Adidas 2007, S. 11)


## 2.2  Aufgaben und Anforderungen eines Sportmanagers bei Adidas

Der Beruf eines Sportmanagers bei der Adidas AG verlangt viele verschiedene Aufgaben
und Anforderungen, die bewältigt werden müssen. Einige Aufgabenbereiche und die dazugehörigen Anforderungen sind in Tab. 1 zu sehen. Für alle Aufgabenbereiche eines
Managers sind sehr gute Englischkenntnisse, ein abgeschlossenes Studium im Bereich
Wirtschaft, Management, Marketing oder ein vergleichbarer Abschluss sowie eine nach-
gewiesene Erfahrung in funktionsübergreifender und kollaborativer Arbeit (Matrixorga-
nisation) Voraussetzung. Außerdem ist eine sechs bis achtjährige relevante Berufserfah-
rung in Funktionen wie Marketing, Verkauf und Finanzen Voraussetzung.

Tab. 1: Aufgaben und Anforderungen eines Sportmanagers bei der Adidas AG (eigene Darstellung, in Anlehnung an Adidas )

| Aufgabe eines Sportmanagers | Anforderungen |
|---|---|
| Sicherstellung des Bewusstseins des Teams für den Zweck und die Ergebnisse bei verschiedenen APAC-Meilensteinen | • Starke zwischenmenschliche Fähigkeiten (Einflussnahme, Kommunikation)<br>• Starke Projektmanagement-Fähigkeiten<br>• Fähigkeit, interne und externe Projektteams zu führen, zu entwickeln und zu motivieren |
| Vorbereitung relevanter Unterlagen, um sicherzustellen, dass der MD auf alle relevanten Interaktionen vorbereitet ist (Vorstand, MD, CLG/ELG-Meetings/Anrufe, Vorstands-Check-ins etc.) | • Analytische Fähigkeiten<br>• Strukturelle und organisatorische Fähigkeiten<br>• Gutes Verständnis des globalen und asiatisch-pazifischen Geschäfts inkl. starker Markt- und Branchenkenntnis |
| Vorantreiben des APAC Senior Leadership Management Prozesses und Kalenders, inkl. SLT Meeting Kadenz und Events sowie wichtige Marktbesuche | • Entschlossenheit und gute Problemlösungskompetenz, Antrieb zum Erfolg und zum Erfüllen der Erwartungen |
| Pflege und Verwaltung des APAC SLT-Dashboards zur Dokumentation von SLT-Entscheidungen und Sicherstellung der Nachverfolgung von Maßnahmen und der Verantwortlichkeit für den gemeinsamen APAC-Plan und die Agenda | • Gutes Verständnis des globalen und asiatisch-pazifischen Geschäfts inkl. starker Markt- und Branchenkenntnis<br>• Organisatorische Fähigkeiten |
| Leitung der Agenda, Organisation und Protokollierung/Nachbereitung für SLT Meetings | • Starke Präsentationsfähigkeiten (inkl. Beherrschung von ppt)<br>• Fähigkeit, interne und externe Projektteams zu führen, zu entwickeln und zu motivieren<br>• Starke Projektmanagement-Fähigkeiten |

## 2.3 Situationsanalyse anhand der Adidas AG

Die Situationsanalyse liefert dem Unternehmen die Informationsbasis für die Findung der Ober- und Unterziele. Die Analyse befasst sich mit den unternehmensinternen (Stärken und Schwächen) und den unternehmensexternen (Chancen und Risiken) Faktoren der Adidas AG, die im Folgenden aufgezeigt werden.

### 2.3.1 Unternehmensinterne Faktoren - Stärken und Schwächen

Die größte Stärke der Adidas AG ist ihr Markenwert, der laut der Markenwertstudie von Kantar (2020) bei 14,182 Milliarden Doller liegt. Somit liegt die Adidas AG auf Platz drei der wertvollsten Marken in der Kategorie Kleidung. Lediglich die Marken Nike

(Markenwert: 49.962 Milliarden Dollar) und Zara (Markenwert: 21.286 Milliarden Dollar) liegen in dieser Kategorie vor der Adidas AG. (Kantar/WPP 2020, S. 66–69)

Des Weiteren gilt die Marke Adidas als eine Ikonenmarke mit einem prestigeträchtigen Erbe, indem sie zahlreiche Aspekte der Gesellschaft global beeinflusst und geprägt hat. Zum Beispiel beeinflusste das Unternehmen in den 70er Jahren den Sport und prägte in den 80er Jahren die Hip-Hop-Kultur. Sein Drei-Streifen-Trainingsanzug und das Logo mit dem dreiblättrigen Motiv verwandelte die Marke in einen Kult, insbesondere unter der städtischen Jugend. Eine weitere Stärke der Adidas AG ist die Markenbildung durch internationales Sponsoring. Das Sponsoring globaler Organisationen bietet die Möglichkeit, direkt bei Sportlern und Fanatikern weltweit zu werben. Zum Beispiel die Marketingkampagne für die FIFA Fußball-Weltmeisterschaft in Russland, und das Sponsoring in der NBA und bei den olympischen Spielen. (Adidas (o.J.)a)

Eine Schwäche von Adidas liegt in der Knappheit in der Lieferkette. Adidas lagert die Produktion der meisten seiner Produkte an Dritte oder unabhängige Fertigungslieferanten aus, hauptsächlich in China, Kambodscha und Vietnam. Dadurch ist Adidas dem Risiko einer übermäßigen Abhängigkeit von ausländischen Zulieferern ausgesetzt. Laut Reuters (2019) sind diese Zulieferer nicht in der Lage, mit der wachsenden Nachfrage nach Bekleidung im mittleren Preissegment auf dem nordamerikanischen Markt Schritt zu halten, was zu einem Rückgang des Umsatzwachstums um 1-2% im Jahr 2019 führt. Eine weitere Schwäche liegt in den hohen Preisen der Sportprodukte. Die Verbraucher mit einem eher niedrigen Einkommen können sich die Produkte nicht mehr leisten und sind somit nicht mehr in der Zielgruppe von Adidas vorhanden. Nur Kunden der oberen und mittleren Einkommensgruppe können sich Sportschuhe oder -kleidung über 100 Euro leisten. Durch die begrenzte Produktlinie der Adidas AG, die nur die Marken Adidas und Reebok in ihrem Portfolio hat, kann ein Rückgang der Nachfrage nach sportbezogenen Produkten für Adidas fatal sein. Das Unternehmen hat sich bislang nur auf Sportschuhe und -Kleidung sowie auf Accessoires beschränkt. (Thomasson 2019; Adidas)

### 2.3.2 Unternehmensexterne Faktoren – Chancen und Risiken

Eine Chance für die Adidas AG könnte die wachsende Sportbekleidungsindustrie sein. In den letzten Jahren haben Sport und Fitness an Popularität gewonnen und auch in Zukunft ist von einem weiteren Anstieg auszugehen. Allein in Deutschland ist die Zahl der Mitglieder, die in einem Fitnessstudio angemeldet sind, von 10,61 Millionen (2017) auf 11,61 Millionen (2019) gestiegen (DSSV 2020). Das bedeutet, dass die Nachfrage nach Sportbekleidungsprodukten und einem breiteren Produktsortiment steigt. Die steigende Popularität von Sportbekleidung ist auch auf den Social-Media Plattformen Facebook und Instagram zu erkennen, da zunehmend auch auch kleinere Influencer für verschiedene Sportartikelhersteller wie zum Beispiel Swedish Fall oder Gymshark werben. Eine weitere große Chance, bezogen auf die Nachhaltigkeit bei Adidas, ist die Möglichkeit eines „Schuhabonnements". Adidas-Ingenieure versuchen, den gesamten Laufschuh aus dem gleichen Material herzustellen. Die Adidas-Schuhe bestehen im Normalfall aus über zwölf verschiedenen Materialien. Nachdem der Schuh abgenutzt ist, könnte dieser vollständig geschmolzen und zu einem neuen Schuh recycelt werden. Die Diversifizierung in die Sportausrüstung könnte außerdem als Chance von der Adidas AG genutzt werden. Zwar verfügt das Unternehmen bereits über eine diversifizierte Produktauswahl, dennoch gibt es immer noch Möglichkeiten zur Erweiterung der Produktpalette. Mit dieser Strategie könnte sich die Adidas AG zum Beispiel von dem führenden Sportkleidungsproduzenten Nike absetzen, in dem das Produktsortiment durch weitere Sportartikel wie Golf-Tennis- und Hockeyschläger erweitert wird. (Adidas)

Im Gegenzug dazu gibt es auch einige Risiken, die sich im externen Unternehmensumfeld befinden. Der erhöhte Wettbewerb ist mitunter das größte Risiko für die Adidas AG. Dieser entsteht zum einen aufgrund der Globalisierung und des technologischen Fortschritts, was die kleinen Unternehmen zum Vordringen nutzen können. Das bedeutet, dass neben den Hauptkonkurrenten Nike und Puma, zusätzlich kleinere neue Marktteilnehmer abgewehrt werden müssen. Ein weiteres Risiko liegt in den in Asien hergestellten Produkten, von denen laut CEO Rorsted zehn Prozent gefälscht sein könnten (Peng 2018). In den letzten Jahren haben die Anzahl und die Qualität der gefälschten Produkte für Premium-Schuhmarken bedeutend zugenommen. Dies stellt eine Bedrohung für die schuhproduzierenden Unternehmen dar. Die rasche Ausweitung und Übernahme des elektronischen Handels kann ein weiteres Risiko für die Adidas AG darstellen, wenn diese den E-Commerce nicht selbst übernehmen. Die Hauptkonkurrenten Nike und Puma stellen eine große Gefahr für das Unternehmen dar, falls diese den E-Commerce vorher übernehmen und Adidas überholen.

## 2.4 Ober- und Unterziele der Adidas AG

Anhand der zuvor durchgeführten Situationsanalyse werden die quantitativen und qualitativen Oberziele für die Adidas AG formuliert. Alle Ziele befinden sich in einem Rahmen von drei bis fünf Jahren und sind somit mittelfristige Ziele für das Unternehmen. Die Oberziele sind dem Grundsatzziel „Das weltweit beste Sportartikelunternehmen zu sein" untergeordnet.

Tab. 2: Quantitative und qualitative Oberziele der Adidas AG (eigene Darstellung)

|  | Inhalt | Ausmaß | Zeit |
|---|---|---|---|
| Quantitative Ziele |  |  |  |
| Ziel 1 | Umsatzsteigerung durch eine breitere Produktpalette im Bereich Sportzubehör | 10 Prozent | 3 Jahre |
| Ziel 2 | Marktanteil erhöhen | 5 Prozent | 5 Jahre |
| Qualitative Ziele |  |  |  |
| Ziel 3 | Qualität der Adidas Sportschuhe verbessern | Schuhe in 2 verschiedenen Passformen anbieten (schmaler oder weiter Schnitt) | 3 Jahre |
| Ziel 4 | Imagesteigerung durch ein nachhaltigeres Produktsortiment | Eigene Produktlinie z.B. „Green Line", die ausschließlich aus nachhaltig hergestellten Produkten besteht | 3 Jahre |

Aus den in Tab. 1 genannten quantitativen und qualitativen Zielen lassen sich die Unterziele für das jeweilige Oberziel definieren. Die Unterziele sind in Tab. 2 dargestellt und befassen sich jeweils nur für eine der verschiedenen Abteilungen, die für das jeweilige Oberziel zuständig sind, festgelegt.

Tab. 3: Unterziele der Adidas AG

| Oberziele | Unterziele |
|---|---|
| Ziel 1: Umsatzsteigerung | Abteilung Konzeption Sportgeräte: Die Erweiterung der Abteilung um 15 neue Produktdesigner, die innerhalb von 12 Monaten 6 neue Produktlinien für den Bereich Handball, Tennis, Tischtennis, Eishockey, Hockey und einem großen Bereich Fitnessgeräte designen und entwickeln. Insgesamt sollen 50 neue Produkte für den Bereich Sportarten und 50 neue Produkte für den Bereich Fitnessgeräte entwickelt werden. |
| Ziel 2: Marktanteil erhöhen | Marketingabteilung: Durch Vermarktung der Adidas-Produkte soll mit einem Marketingbudget von 1 Milliarden Euro pro Jahr der Marktanteil innerhalb von 5 Jahren um 2 Prozent erhöht werden. |
| Ziel 3: Schuhqualität verbessern | Produktabteilung: Ziel ist die Entwicklung von 2 verschiedenen Passformen der Adidas-Schuhe, damit jeder Verbraucher den für sich passenden Schuh findet. Dies soll in einem Zeithorizont von einem Jahr erreicht werden. |
| Ziel 4: Imagesteigerung | Mitarbeiter der Abteilung Design: Entwurf der nachhaltigen Produktlinie. Diese besteht aus 10 Pullovern, 20 Sportshirts, 10 Sporthosen (5 lang, fünf kurz), und 10 Sportzubehörprodukten, die jeweils für beide Geschlechter entworfen werden. Dies soll in einem Zeithorizont von 10 Monaten erreicht werden. |

# 3 Literaturverzeichnis

Adidas. Online verfügbar unter https://www.adidas.de/, zuletzt geprüft am 12.12.2020.

Adidas ((o.J.)a): adidas – von 1949 bis heute. Online verfügbar unter https://www.adidas.de/blog/392942, zuletzt geprüft am 12.12.2020.

Adidas ((o. J.)b): Geschichte. Online verfügbar unter https://ilias.dhfpg.de/goto.php?target=file_4060626_download&client_id=DHfPG, zuletzt geprüft am 09.12.2020.

Adidas ((o.J.)c): SENIOR MANAGER HEAD OFFICE. Online verfügbar unter http://sustainabilityreport.adidas-group.com/de/SER2007/pdf/adidas_de_SER2007_report.pdf, zuletzt geprüft am 12.12.2020.

Adidas (2007): Sozial- und Umweltbericht 2007. Online verfügbar unter http://sustainabilityreport.adidas-group.com/de/SER2007/pdf/adidas_de_SER2007_report.pdf, zuletzt geprüft am 12.12.2020.

Adidas (2019): Profil. Zahlen und Fakten. Online verfügbar unter https://www.adidas-group.com/de/unternehmen/profil/, zuletzt geprüft am 09.12.2020.

DSSV (2020): Eckdaten der deutschen Fitness-Wirtschaft 2020. Online verfügbar unter https://ilias.dhfpg.de/goto.php?target=file_3998850_download&client_id=DHfPG, zuletzt geprüft am 12.12.2020.

Ebner, Markus (2013): Phasen der Tementwicklung. Wie Führungskräfte sie gezielt begleiten können. In: *personal manager* (6), S. 26–28. Online verfügbar unter https://www.ebner-team.com/wp-content/uploads/2014/06/2013_teamentwicklung.pdf, zuletzt geprüft am 09.12.2020.

Google Maps. Online verfügbar unter https://www.google.de/maps.

Hierl, Susanne; Huber, Steffen (2008): Rechtsformen und Rechtsformwahl. Recht, Steuern, Beratung. 1. Aufl. Wiesbaden: Betriebswirtschaftlicher Verlag Dr. Th. Gabler / GWV Fachverlage, Wiesbaden (Steuerpraxis).

Kantar/WPP (2020): BrandZ Global Top 100 Most Valuable Brands 2020. Hg. v. BrandZ. Online verfügbar unter https://online.pubhtml5.com/bydd/yeib/#p=1, zuletzt geprüft am 07.12.2020.

Peng, Matt (2018): According to CEO, 10% of All adidas Products in Asia Are Fake. In: *HYPEBEAST* 2018, 07.05.2018. Online verfügbar unter https://hypebe-ast.com/2018/5/adidas-asia-fakes-ceo-comments, zuletzt geprüft am 12.12.2020.567Z.

Handbuch Medien. Medien verstehen - gestalten - produzieren (2013). Unter Mitarbeit von Bernhard Schellmann, Andreas Baumann, Martin Gläser und Thomas Kegel. 6., erw. und verb. Aufl. Haan-Gruiten: Verl. Europa-Lehrmittel Nourney, Vollmer (Europa-Lehrmittel).

Thomasson, Emma (2019): Supply chain problems to slow Adidas' sales growth. In: *Reuters Media*, 13.03.2019. Online verfügbar unter https://de.reuters.com/article/us-adi-das-results/supply-chain-problems-to-slow-adidas-sales-growth-idUSKBN1QU0LH, zuletzt geprüft am 12.12.2020.

Tuckman, Bernd (1965): DEVELOPMENTAL SEQUENCE IN SMALL GROUPS. In: *Psychological bulletin* (63), S. 384–399. Online verfügbar unter https://de.scribd.com/document/244933054/Tuckman-Bruce-W-1965-Developmental-Sequence-in-Small-Groups-Psychological-Bulletin-63-384-399, zuletzt geprüft am 22.11.2020.

# 4 Abbildungs- und Tabellenverzeichnis

## 4.1 Abbildungsverzeichnis

## 4.2 Tabellenverzeichnis